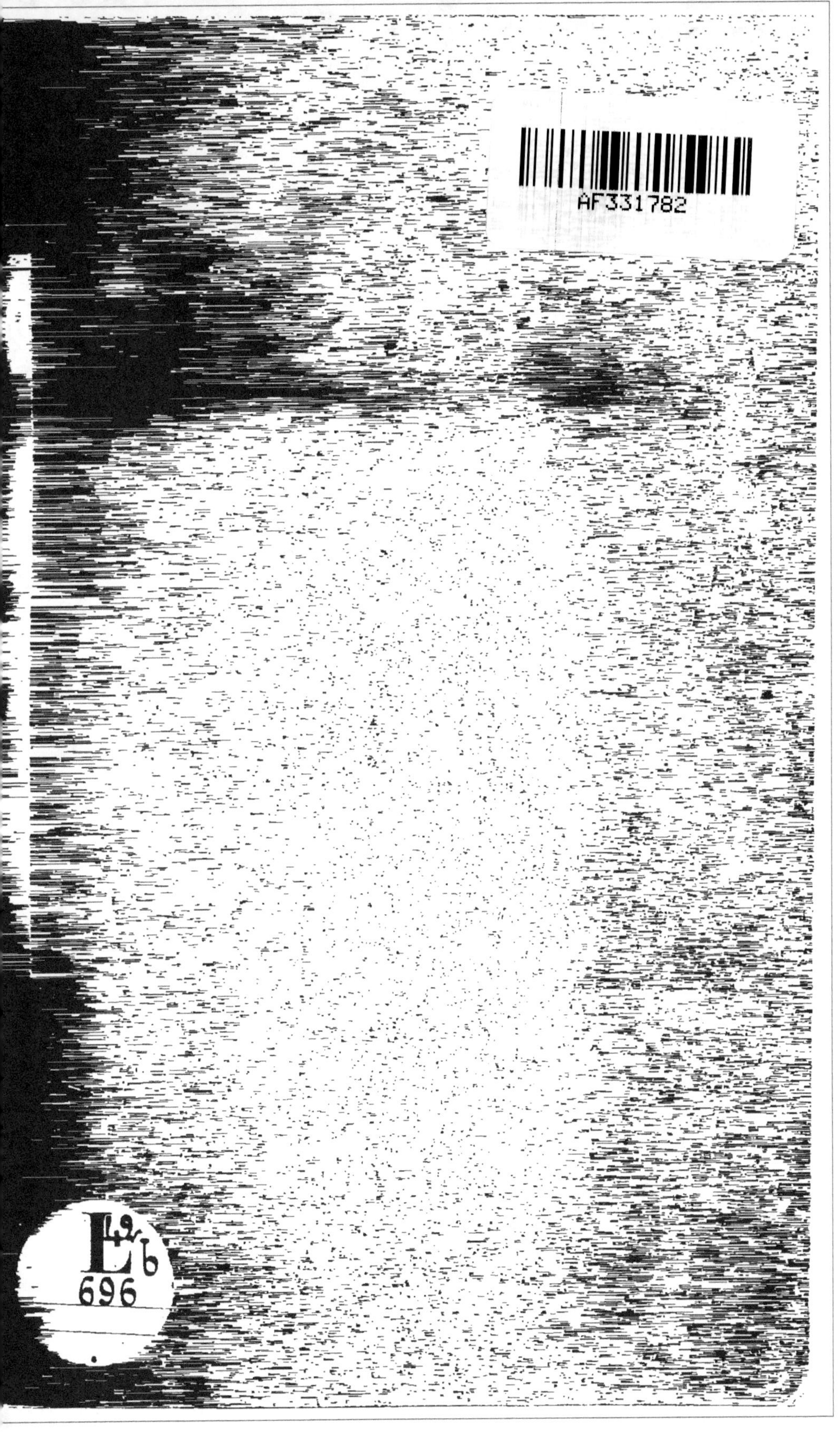

LETTRE

SUR L'ARRIVÉE

DE MADAME

THÉRÈSE DE FRANCE

A MITTAU.

Suivie de Réflexions du Rédacteur du Spectateur du Nord sur la présente Lettre, et Réponse aux malveillans qui répandent des soupçons injurieux sur les projets des puissances coalisées.

A MITTAU.

7 JUIN, 1799.

LETTRE

SUR L'ARRIVÉE

DE MADAME

THÉRÈSE DE FRANCE

A MITTAU.

Mittau, 7 Juin 1799

JE suis arrivé ici, Monsieur, il y a quelques jours, avec Milord Folkestone, et malgré le peu de tems qui nous reste pour complétter notre voyage, nous n'avons pu résister au desir d'être les témoins de l'arrivée de MADAME THÉRÈSE DE FRANCE : les bontés du Roi nous autorisent même à rester jusqu'après le jour ou elle épousera MONSEIGNEUR LE DUC D'ANGOULEME.

Il nous seroit impossible de vous peindre tous les sentimens qui nous animent; mais puisque

1

tous les détails qui tiennent à cet ange consolateur intéressent la Religion, l'honneur et la sensibilité de toutes les ames honnêtes, nous allons recueillir nos souvenirs et nos pensées, pour que vous puissiez leur donner quelque ordre. Nous vous prions même, Milord et moi, de citer de cette lettre, tout ce que vous croirez capable d'inspirer les sentimens que nous éprouvons

Vous vous rappelez l'événement dirigé par le Ciel, qui vint adoucir les larmes que l'héritier de Saint Louis, de Louis XII, de Henri IV répandoit sur les malheurs de la France et sur ceux de sa famille. Quelque sérénité ne reparut sur son front qu'au moment où il apprit que MADAME THÉRESE se rendoit à Vienne. Son cœur soupira plus librement lorsqu'il la sut dans cet asyle, et, aidé, comme il se plaît à le répéter, d'un ami fidèle, qui ne me pardonneroit pas de le nommer, il réunit tous ses soins et ses efforts pour obéir aux vues de la Providence, qui lui confioit le soin de veiller au sort de l'auguse et malheureuse fille de Louis XVI.

Le Roi ne resta donc pas un seul moment incertain sur le choix de l'époux qu'il desiroit voir accepter par MADAME. Jamais son cœur paternel et français n'a pu soutenir l'idée de la voir sé-

(5)

parée de la France par une alliance étrangère, quelque nécessaire qu'elle parût être pour lui donner un appui, et pour la sauver du dénuement qui la menace encore. Après s'être assuré de l'approbation de MADAME, le Roi borna tous ses soins à obtenir qu'elle vint s'unir aux larmes, aux espérances, au sort de l'héritier de son nom. Les vœux du Roi sont exaucés ; MADAME est dans ses bras, c'est de là qu'elle reclame ses droits à l'amour des Français ; c'est là qu'elle forme des vœux ardens pour leur bonheur ; car de ses longs et terribles malheurs, il ne lui reste que l'extrême besoin de voir des heureux.

Dès que le Roi eut levé tous les obstacles, il instruisit la Reine qu'il alloit bientôt unir ses enfans adoptifs, et lui demanda devenir l'aider à les rendre plus heureux. La Reine accourut : elle est à Mittau depuis le 4 de ce mois ; elle voit tous les regards satisfaits de sa présence, et les vœux, qu'elle entend former pour son bonheur, lui prouvent combien les Français qui l'entourent ont de dévouement et d'amour pour leurs maîtres.

Le lendemain du retour de la Reine, le Roi se mit en voiture pour aller audevant de Madame. Une route longue et pénible n'avoit point altéré ses forces ; elle ne souffroit que du retard qui la tenoit encore séparée du Roi. Aussitôt que les voitures furent un peu rapprochées , Madame commanda d'arrêter. Elle descendit rapidement ; on voulut essayer de la soutenir ; mais, s'échappant avec une incroyable légéreté , elle courut à travers les tourbillons de poussière , vers le Roi qui , les bras étendus , accouroit pour la serrer contre son cœur. Les forces du Roi ne purent suffire pour l'empêcher de se jeter à ses pieds. Il se précipita pour la relever et l'entendit s'écrier : *Je vous revois enfin*...... *je suis heureuse*...... *voilà votre enfant*....... *veillez sur moi , soyez mon père*......

Ah ! Français, que n'étiez-vous là , pour voir pleurer votre Roi ! Vous auriez senti que celui qui verse de pareilles larmes ne peut être l'ennemi de personne...... Vous auriez senti que vos regrets , vos repentirs, votre amour pourroient seuls ajouter au bonheur qu'il éprouvoit......

Le Roi, sans pouvoir proférer une parole, serra Madame contre son sein et lui présenta Monseigneur le Duc d'Angoulème. Ce jeune Prince , retenu par le respect, ne put s'exprimer que par des larmes qu'il laissa tomber sur la main de sa cousine , en la pressant contre ses lèvres.

On se remit en voiture, et bientôt Madame arriva. Aussitôt que le Roi vit ceux de ses serviteurs qui voloient au-devant de lui, il s'écria, rayonnant de bonheur, ... *La voilà*. . . . . . . Ensuite il la conduisit auprès de la Reine.

A l'instant le château retentit de cris de joie..... on se précipitoit ; il n'existoit plus de consigne ; plus de séparation ; il ne sembloit plus y avoir qu'un sanctuaire où tous les cœurs alloient se réunir. Les regards avides restoient fixés sur l'appartement de la Reine ; ce ne fut qu'après que Madame eut présenté ses hommages à S. M. que, conduite par le Roi, elle vint se montrer à nos yeux, trop inondés de larmes pour conserver la puissance de distinguer ses traits.

Le premier mouvement du Roi, en appercevant la foule de ceux qui l'environnoient, fut de conduire Madame auprès de l'homme inspiré qui a dit à Louis XVI...... *Fils de Saint Louis montez au Ciel*...... Ce fut à lui le premier qu'il présenta Madame...... Des larmes coulèrent de tous les yeux. Le silence fut universel.... A ce pieux et premier mouvement de la reconnoissance, un second succéda. Le Roi conduisit Madame au milieu de ses gardes...... *Voila*, lui dit-il, *les fidelles gardes de ceux que nous pleurons : leur âge, leurs blessures et leurs larmes vous disent tout ce que je voudrois exprimer*...... Il se retourna ensuite vers nous tous, en disant: *Enfin elle est à nous : nous ne la quitterons plus : nous ne sommes plus étrangers au bonheur.*

N'attendez pas Monsieur que je vous répète nos vœux, nos pensées, nos questions..... Suppléez à tout le désordre de nos sentimens...... Madame rentra dans son appartement, pour s'acquiter d'un devoir aussi cher que juste, celui d'exprimer sa vive reconnoissance pour S. M. l'Empereur de toutes les Russies. Dès les premiers pas qu'elle avoit fait dans son Empire, elle avoit reçu les preuves les plus nobles et les plus empressées de son intérêt, et le cœur de Madame avoit senti tout ce qu'elle devoit au Souverain auguste et généreux, auquel le Ciel a confié la puissance et donné la volonté de secourir les Rois malheureux.

Après avoir rempli ce devoir, Madame demanda M. l'abbé Edgeworth. Dès qu'elle fut seule avec ce dernier consolateur de Louis XVI, ses larmes ruisselèrent ; les mouvemens de son cœur furent si vifs qu'elle fut prête à s'évanouir. M. Edgeworth effrayé voulut appeler..... *Ah ! laissez-moi pleurer devant vous*, lui dit Madame !..... *Ces larmes et votre présence me soulagent*..... Elle n'avoit alors pour témoin que le Ciel et ce-

lui qu'elle regardoit comme son interprète.....
Pas une seule plainte n'échappa de son cœur....
M. l'abbé Edgeworth n'a vu que des larmes....
C'est de lui-même que je tiens ce récit, il m'a
permis de le citer : il sent que toute modestie
personnelle doit céder à la nécessité de faire con-
noître cette ame pure et céleste.

La famille royale dîna dans son intérieur, et
ce fut vers les cinq heures du soir que nous
eûmes l'honneur d'être présentés à MADAME. Ce
fut alors seulement que nous pûmes considérer
l'ensemble de ses traits. Il semble que le ciel a
voulu joindre à la fraîcheur, à la grâce, à la
beauté, un caractère sacré qui pût la rendre plus
chère et plus vénérable aux Français. On retrouve
sur sa physionomie les traits de Louis XVI,
de MARIE ANTOINETTE, et ceux de MADAME
ELISABETH. Ces ressemblances augustes sont si
grandes que nous sentions le besoin d'invoquer
ceux qu'elles rappellent. Ces souvenirs et la présence de MADAME sembloient unir le ciel à la
terre ; et certainement toutes les fois qu'elle
voudra parler en leurs noms, son ame douce
et généreuse forcera tous les sentimens à se mo-
deler sur les siens.

Français, voilà celle que vous seuls pouvez
rendre encore heureuse, en reprenant vos an-

ciennes vertus et votre amour 'pour vos Rois.'
Voilà celle qui demande à rentrer parmi vous,
pour y être auprès du Roi son oncle l'exécutrice
de cet article du testament de Louis XVI, sur
lequel leurs cœurs sont si bien d'accord ; le par-
don des injures. Elle vient, le cœur rempli de
sentimens tendres et religieux, vous aimer, vous
consoler de vos longs malheurs. Elle vient en-
noblir votre courage, et légitimer votre gloire.
Elle vient parée de son innocence, de sa jeu-
nesse, de ses malheurs et de ses ressemblances...... Elle vient environnée du tribut de
vœux que croit lui devoir tout ce qui est hon-
nête, loyal, sensible et fidelle sur la terre. Elle
vient, comme l'ange de la paix, désarmer toutes
les vengeances et faire cesser les fureurs de la
guerre. Que vos cœurs la rappellent, et vous
verrez vos ports se r'ouvrir, votre commerce re-
naître ; on n'arrachera plus vos enfans de vos
bras pour les conduire à la mort. Vous retrou-
verez le repos, le bonheur et l'estime de l'uni-
vers.......

Mais je m'apperçois, Monsieur, que j'entre-
prends sur votre rôle. Je finis ici, bien sûr que
vous me saurez gré d'avoir cherché à vous faire
partager mes jouissances.

J'ai l'honneur d'être etc.

L'Abbé de Tressan.

RÉFLEXIONS

Du rédacteur du Spectateur du Nord (1) *sur la présente Lettre, et réponse aux malveillans qui répandent des soupçons injurieux sur les projets des Puissances coalisées.*

AVEC quelques idées de géographie et de politique, peut-on soupçonner la Russie, la Porte, l'Angleterre même, de prétendre à la plus petite portion de ce qui forme en Europe le territoire français ? Et, si ces trois puissances n'y ont aucune prétention, peut-on croire qu'elles favoriseroient celle de leur alliée, si elle entendoit assez mal ses intérêts pour en avoir ? Et l'Autriche, qui a reçu en Italie tout l'accroissement de puissance qu'elle pouvoit obtenir sans éveiller des jalousies dangereuses, l'Autriche, aux genoux de laquelle M. Pitt se mettroit peut-être inutilement, pour lui faire accepter les Pays-Bas, l'Autriche peut-elle avoir des prétentions sur la France ? Qui ne sent que les Alliés, fa-

______

(1) Ouvrage qui s'imprime en Basse-Saxe.

tigués de la révolution et de la guerre , béni-
ront le jour où ils pourront faire une paix solide
avec les Français , rentrés dans leurs anciennes
limites ? Mais le ministère britannique l'a dé-
claré ; et dans son opinion on peut reconnoître
celles des autres cabinets , il n'y a de paix à espé-
rer qu'avec la France monarchique. Dix années
d'oppression et de souffrances crient en même
temps aux Français qu'il n'y a de repos à attendre
pour eux que sous un Roi. Jusques à quand mé-
connoîtront - ils ces deux vérités , ou jusques à
quand leur foiblesse leur attirera-t-elle le repro-
che flétrissant de préférer des Carnot, des Merlin ,
des Syéyès , au sang de St. Louis et d'Henri IV !
Est-il une idée de gloire et de bonheur qui ne
s'attache à ces noms sacrés , et quels sentimens ne
doivent-ils pas réveiller dans les Français , au moment où la fille de Louis XVI s'unit à l'héritier
présomptif du Prince , que les vœux de tous les
Français fideles appellent sur le trône de ses
pères. Cet amour respectueux que firent éclater
les Français pour l'adorable Prisonnière du Tem-
ple , ces vifs regrets qui la suivirent jusqu'à
Vienne , ont dû l'accompagner dans les états
d'un Souverain qui exerce envers les Bourbons
une si noble hospitalité. Le temps et les distan-
ces pourroient-ils affoiblir l'intérêt attaché au sort

d'une Princesse qui , dans les derniers embras-
semens de Louis XVI et de Marie Antoinette ,
reçut d'eux la tâche honorable de consoler leurs
serviteurs , de pardonner à leurs ennemis; et qui ,
à peine échappée à sa captivité , ne songeoit aux
assassins de sa famille que pour attirer sur eux
la miséricorde et l'oubli (1). Le jour où le flam-
beau de l'hymenée dissipe pour elle les nuages
de la douleur , les souvenirs des fautes et des
égaremens s'évanouissent devant elle : la clémence
est de son cortège...... En voyant ses grâces ,
ses vertus , unies au courage du jeune Prince
dont son choix fait assez l'éloge , et qui est des-
tiné à soutenir l'honneur d'une race illustre autant
qu'infortunée , on croit voir se redresser , se raf-
fermir les tiges de ces lys superbes , qu'agite depuis si longtemps la tempête ; on croit voir dis-
paroître les lugubres cyprès qui depuis six ans les
couvrent de leur funeste ombrage. C'est le testament de son père à la main , que la fille de
Louis XVI présente aujourd'hui son époux à la
France , sous les auspices du second père , qui
vient d'unir leurs destinées; heureux lien , auquel

____

(1) On sait que peu de temps après sa délivrance , Madame Thérèse écrivoit au Roi son oncle: *C'est celle dont ils
ont fait mourir le père et la mère , le frère et la tante , qui
vous demande à genoux de leur pardonner.*

paroissent attachées celles de la Patrie , et qui unis-
sant les infortunes du dedans aux malheurs du de-
hors , unit aussi nos consolations , nos intérêts ,
nos vœux et nos espérances !

Tous ceux de mes lecteurs qui ont le cœur français, partageront ce que le mien éprouve , et n'ac-
cuseront ici que la foiblesse de mes expressions.
Que les autres me pardonnent , si oubliant une
fois la loi que je me suis imposée de renfermer
mes affections au-dedans de moi , j'ai aujourd'hui
laissé percer le sentiment parmi les froids calculs
de la raison.

F I N.

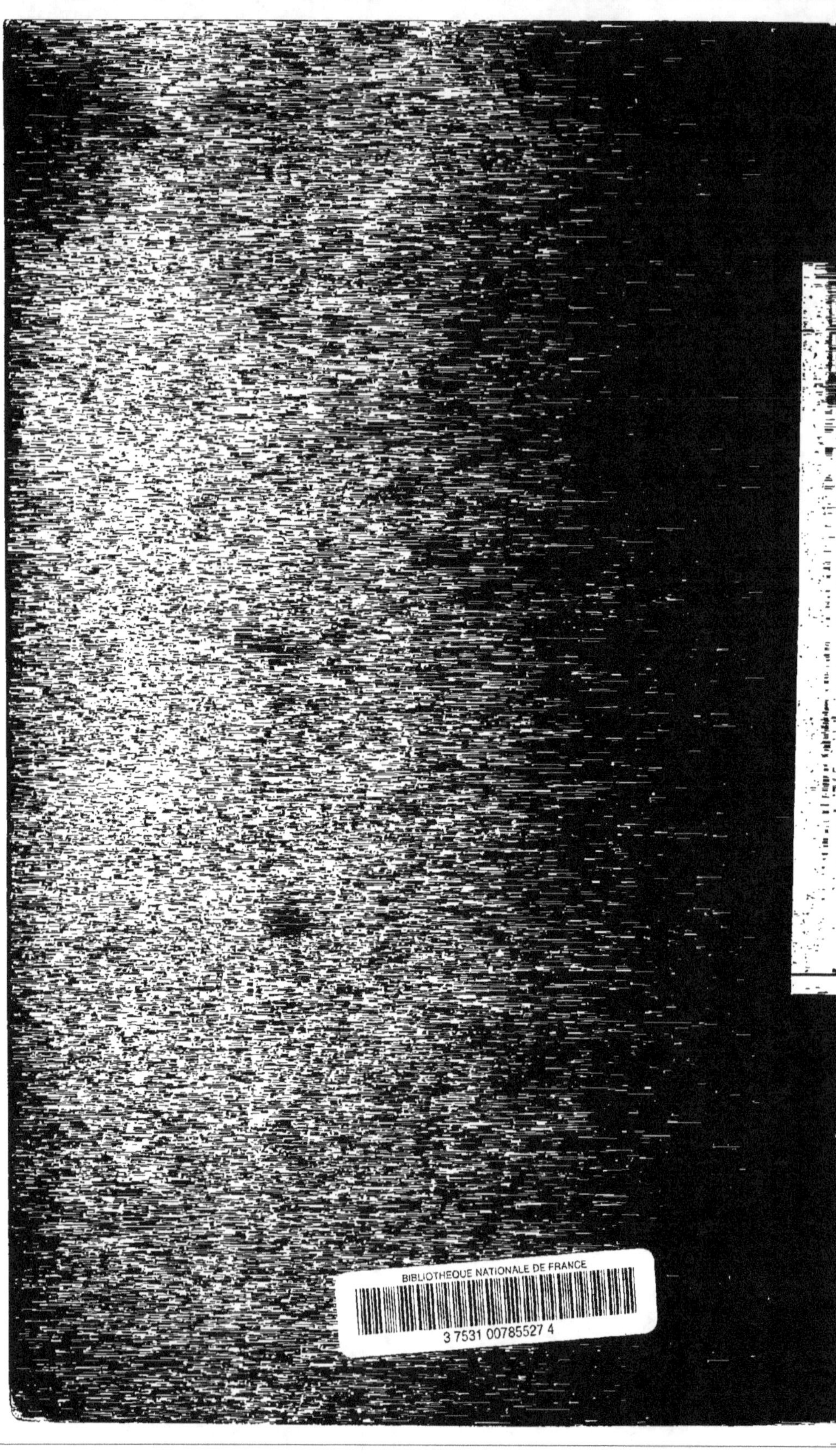

9 782013 657785